# GRATIAN EMPEREVR,

## TRAGEDIE.

*DEDIEE*

A MONSEIGNEVR LE DVC DE LESDIGVIERES

PAR LES ESCOLIERS

DV COLLEGE DE LA COMPAGNIE

DE IESVS DE GRENOBLE.

*A GRENOBLE,*

De l'Imprimerie de PHILIPPE CHARVYS, Imprimeur,
& Libraire, en la place de Mal-Conseil. M. DC. LV.

# GRATIANVS.

GRATIANVS, Valentiniano patre mortuo Occidentis adeptus Imperium confortem afciuit Valentinianum fratrem. In bonis vtique principibus numerandus, parcus cibi, fomníque: libidinis victor, domíque ac militiæ clarus. Apud Argentarium Galliæ oppidum Chrifto fretus X X X. Alemannorum millia deleuit. Valente patruo Arriano auxilium aduerfùs Barbaros petente, negauit paternæ videlicet pietatis æmulus, rectè cum Dei hofte belli focietatem iniri. Poft Valentis cladem, rerum potitus maiorem curarum fubiit molem. Itaque Theodofium genere Hifpanum eximium belli Ducem, per quem Thraciam, Hunnis, Alanis, Gothis domitis pacauerat, cooptat Orientis Auguftum, mirâ omnino opportunitate Haud ità multò poft Maximum Britanniæ & Galliæ Tyrannum bello petens, Andragatij Ducis dolo interficitur, annos poft Valentis cafum VI. Cædis auctor haud dubius Maximus fuit. Igitur Ambrofius Mediolanenfis Epifcopus, depulfæ ex Italiâ Arrianæ peftis titulo inclitus, ei facris interdixit.

## ADESTO GRATIANOPOLIS.

*Dum inftauratoris tui funus iuftauramus, vt viuat;*
*Et vnius Cæfaris mortem immortalitati tui nominis confecramus.*
DAMVS quod tuum eft;
*In lucem mittimus dum in Scenam;*
*Tibi enim vel vmbræ clarefcunt.*
IN GRATA ES, ET INIVSTA
*Nifi* GRATIANO *Iufta perfolueris;*
*Cui tam multa debes,*
*Vt ab illo nomen nondum expedire potueris,*

## RHETORES GRATIANOPOLITANI.

DD.

# A

# MONSEIGNEVR

## LE

# DVC DE LESDIGVIERES.

ONSEIGNEVR,

La Poësie fait depuis tant de
Siecles, le diuertissement des grands qu'elle ne craint point de
passer pour criminelle en celui-cy, lors qu'elle entreprend de
vous diuertir quelques heures des importantes occupations qui
vous attachent au public, quand vous agissez dans le Cabinet,
& vous délasser des illustres trauaux qui font le repos de cette
Prouince. GRATIAN, dont la pieté seule meritoit des Couronnes vient de poser celle de l'Empire à vòs pieds, & mourir a vos
yeux, dans vne Ville où il a rencontré depuis plus de douze cents
ans l'Immortalité de son nom, & ietté les fondemens de sa
grandeur en rebatissant ses murailles. Il cherche vn Azyle dans

A 2

## EPISTRE.

Dauphins se ioüerent des tempestes qui bouleuersoient tout l'E-
stat. Cét autre vaillant Capitaine que la France iugea capable de
porter son espée, fit la Gloire du nom que vous portez. Vous
apprites a vaincre sous vn si sage victorieux, il mesla vos Lauriers parmy ses Couronnes, & prit plaisir diuerses fois de reconnoistre vos Conquestes sur ses Trophées, & reposer sur les depoüilles que vous veniez d'Oster aux ennemis. Nous aurions
choisi de faire les images de ces Conquerans si nostre foiblesse
n'estoit si grande qu'elle nous met dans l'impuissance d'entre-
prendre des Tableaux que les Appelles auroient peine d'acheuer
apres auoir mis en œuure les couleurs de leurs Alexandres. Il
faut des mains plus hardies que les nostres pour faire les portraits
de ces hommes genereux. Le Parnasse n'a pas assez de Lauriers
pour leur faire des Chapeaux de Triomphe, & nos Muses ont
trop peu d'ornemens paur faire la Pompe de ces incomparables
Guerriers. Souffrez donc MONSEIGNEVR, que nous
dressions à Vostre Grandeur vn Trophée des debris de la Grandeur Romaine, & qu'en representant les fourberies de quelques
Chefs reuoltez, nous apprenions a tout le monde auec quelle sin-
cerité nous sommes.


MONSEIGNEVR,



Vos tres-humbles tres-obeyssans
& tres-fidelles scruiteurs,
Les Escoliers du College de la
Compagnie de IESVS.

## ARGVMENT.

ROME change de face, & cette Souueraine
Qui dompta l'Vniuers pour s'en faire la Reyne,
A peine à soûtenir ce grand & vaste corps
Pour lequel elle fait d'inutiles efforts:
Cette fiere valeur qui destruisit Cartage,
Qui fit trembler le Nil, le Danube & le Tage,
Qui porta la terreur dans les Climats bruslez,
Et soûmit à ses loix les peuples reculez,
N'est maintenant que l'ombre, & l'image effacée
Du pompeux Apparat de sa gloire passée:
Cette ardeur conquerante à qui de toutes parts
On opposoit en vain bastions & remparts,
Qui mit l'Asie aux fers, & fit autant d'esclaues
Qu'elle attaqua de Roys, & combattit de braues,
N'est presque desia plus qu'un obiet de mépris
Et chasque nation est vn de ses debris.
Chaque iour de Nouueau quelque peuple conspire,
Et chacun a son tour dispose de l'Empire.
Enfin Rome n'est plus que le triste tombeau,
De ce qui fut jadis au monde de plus beau.
Cét orgueil des Cesars, & cette humeur hautaine
Qui mit les Souuerains & les grands à la chaîsne,
Qui dressa pour trophée a ses Dieux méprisez
Les Trônes abbatus & les Sceptres brisez,
Qui depuis l'Ocean & le riuage More
S'estendoit au delà du Berçeau de l'Aurore,
N'a rien plus que le nom d'vne vaine grandeur,
Et les tristes debris de son premier bon-heur.
Les dépoüilles des Roys qui la rendoient celebre,
Ne seruent maintenant qu'a sa pompe funebre,
Le courage n'est plus l'ame de ses combats,
Elle a peine à fournir au nombre des soldats:
Les Goths & les Persans arrestent ses conquestes,
Et l'Aigle se partage en plus de douze testes,
Cét Oyseau de rapine est en proye aux Tyrans,

B ij

Et ce grand corps n'a plus que des restes mourans.
Pendant que la fortune est encore en balance,
Maxime se reuolte & court à la vengeance.
Pour perdre GRATIAN, ce fourbe ambitieux,
Arme contre l'Estat vn gros de factieux:
Apres s'estre asseuré de toute l'Angleterre,
Il trauerse la France, & commence la guerre:
Tout tremble deuant luy, dans moins de quinze mois
L'Allemaigne reçoit ses ordres & ses lois.
Les peuples diuisez par les guerres Ciuiles
Luy liurent sans combat les Chasteaux & les Villes.
Andragathe gagné pour perdre l'Empereur,
Fait agir tour a tour la feinte & la fureur:
Pour pousser son dessein il met tout en vsage,
La force, la douceur, l'artifice & la rage,
Pendant que GRATIAN indignement trahy
L'ayme plus cherement pour estre plus hai;
Il trame l'attentat qui de la mort d'vn homme,
Doit changer le destin & la face de Rome;
Enfin ce lâche Autheur de la rebellion.
Assassine son Maistre aux portes de Lyon:
Et pour teindre vne pourpre éclatante a Maxime
Il la teint dans le sang & la noircit d'vn crime,
Pour l'éleuer au Thrône; il luy fait cent degrez
Des Cadaures sanglans de cent Chefs massacrez;
L'Italie en fremit & l'Europe outragée,
Soûleue des Tyrans pour en estre vengée.

ANTOINE DE SAVTEREAV.

# ACTEVRS.

| | | CHEFS. |
|---|---|---|
| GRATIAN EMPEREVR. | ⎰ | OLYBRE. |
| MAXIME TYRAN. | | BALION. |
| ADRAGATHE GENERAL D'ARMEE. | | DACIAN. |
| MEROBAVDE CONSVL. | | ANGVS. |
| AVSONE EXCONSVL. | | MACEDONE. |
| | | COMMODE. |
| MAXIME PHILOSOPHE CYNIQVE. | | |

LA SCENE EST A LION.

# CARACTERES DES PASSIONS,

### & des operations.

#### *Caractere de Gratian.*

## LA PIETE'

Gratian en perdant l'honneur du Diadesme,
Eprouue la rigueur d'vn Tyran trop puissant:
Mais s'il trouue en son sang la grace du baptesme,
Auroit-il iamais pû mourir plus innocent?

### Iean Baptiste de Sautereau de la Tour.

#### *Caractere de Maxime.*

## L'AMBITION.

Maxime monte pour tomber,
Il sera detrôné par la main qui l'éleue,
Vn Tyran n'a iamais de treue,
Que lors qu'on le void succomber.

### Pierre de Ponnat de S. Sauueur.

#### *Caractere d'Andragathe.*

## LA PERFIDIE.

Andragathe luy seul a renuersé l'état
Suiuant en sa conduite vne étrange maxime,
Peut-il estre insensible apres vn si grand crime
Si son bras a rougy d'vn si noir attentat.

### Octauian de Marcieus de Talaru.

#### *Caractere de Merobaude.*

## LA CRAINTE.

Le Consul ne fait plus que plaindre
Que gemir & que soûpirers
N'a-il pas grand sujet de craindre
Puis qu'il ne peut rien espèrer.

### Balthazar de Marcieus de Noaly.

#### *Caractere d'Ausone.*

## LA PRVDENCE.

Ausone reconnoist la fourbe & son autheur,
Qui peut mieux denoüer les intriques du vice,
Et découurir vn artifice,
Qu'vn excellent Poëte, & Sçauant Orateur.

### François Baudet.

#### *Caractere de Balion & Commode.*

## LA FIDELITE'

Pendant que l'Empereur n'auoit que des rebelles
Ces Chefs ne l'ont iamais quitté,
Qui croiroit qu'on eut pû parmy des infidelles
Trouuer tant de fidelité.

C

Iean Baptiste de Cheurier , Claude Espié.
*Caractere d'Olibre Dacian, Ancus, Macedone.*
## LE DESIR DE FAIRE FORTVNE.

*Ces Chefs ne veulent rien qu'establir leur fortune,*
*Ils ſuiuent le party qui paroit le plus fort:*
*Mais s'ils ſont tous vnis leur fortune eſt commune,*
*Et leur vie auiourd'huy dependra d'vne mort.*

Ioſeph de Sautereau, Du Roſey, Henry Guerin,
Antoine Guerin, Antoine Morel.
*Caractere de Maxime le Cynique.*
## LA VENGEANCE.

*Cét homme furieux, Apoſtat de la Foy*
*Se ioint aux intereſts d'vn perfide & d'vn traiſtre,*
*Ie ne m'eſtonne pas qu'il ayt trahi ſon maiſtre,*
*Qui ne craint point de Dieu n'obſerue point de Loy.*
Balthazar de Marcieus de Noaly.

***

# CONDVITE DV PREMIER ACTE.

# CONSTITVTION DV SVIET

Scene 1.  *LE Cynique emporté d'vn excez de fureur,*
*Trame pour ſe vanger la mort de l'Empereur:*
*Cét homme ambitieux par vn affront inſigne,*
*Precipité d'vn rang dont il eſtoit indigne,*

Scene 2.  *Cherche diuers moyens d'en tirer ſa raiſon,*
*Et pour ſon attentat prepare du poiſon,*
*Mais trouuant cette mort trop douteuſe & trop lente,*
*Il en cherche auſſi toſt vne plus violente;*
*Et pour executer ſon funeſte deſſein,*
*S'arme de deux couteaux pour luy percer le ſein.*
*Pour faire les eſſays de ſa cruelle rage,*

Scene 3.  *Il eſtoit ſur le point de frapper ſon image,*
*Lors qu'il eſt arreſté par vn chef ſuruenu,*
*De qui ce deſerteur ne fut pas reconnu,*
*On le prend, on le preſſe, on vſe de menace,*
*Et pour l'intimider il n'eſt rien d'efficace,*
*On ne peut rien tirer de ce laſche Apoſtat,*

Scene 4.  *Mais ſes yeux ſans parler découurent l'attentat,*
*Balion pour punir cette fiere inſolence,*
*Qui le fait obſtiner à garder le ſilence,*

Ordonne à l'vn des Chefs de le mettre en prifon
Pour apprendre à loifir toute la trahifon.
Commode en le menant luy remontroit fon crime,
Lors qu'il vit en fon fein des lettres pour Maxime,
Il les tire & fondant l'efprit de ce rufé,
Soupçonne que ce foit le Tyran deguifé.
On portoit au Confeil cette lettre furprife,                    Scene 5.
Comme Andragathe vient tramer fon entreprife,
En femant de faux bruits pour troubler les Soldats:
Et conduire vn deffein que l'on ne connoit pas.
Ce fourbe fait paffer Balion pour rebelle,
Et fur vn faux femblant luy dreffe vne querelle,
Commode les fepare, & l'inftruit de l'eftat             Scene 6.
De Maxime furpris & de fon attentat,
Andragathe voyant fa fourbe découuerte             Scene 7.
Veut perdre GRATIAN par vne guerre ouuerte.
               Iofeph de Sautereau du Rofey

✻✻✻✻✻✻✻✻✻✻✻✻✻✻✻✻✻✻✻✻✻✻✻✻✻

## R E C I T,

# BALION DEPLORE LE MALHEVR
### des Empereurs Romains.

## S T A N C E S.

LE Trône eft-il vn fi grand crime,
   Qu'il faille que chaque Cefar,
Souffre la loy du fort, & ferue toft ou tard
   A la fortune de victime?
Ces vains titres de gloire & de ferenité,
      De grandeur, & de Majefté,
      Ne garantiffent pas leurs teftes:
Leur vie eft dans le trouble, & ce grand apparat
Excite tous les iours les horribles tempeftes,
Qui dérobent aux yeux leur plus brillant éclat.

      Pour faire la gloire d'vn homme
      Faut-il de fi noirs attentats?
Faut-il tant renuerfer de Villes & d'Etats,
      Pour monter au Thrône de Rome?

*Pour éleuer Maxime en cét illustre rang,*
    *Faut-il répandre tant de sang*
    *Pour luy donner le Nom d'Auguste?*
*Acquiert-on à ce prix le Sceptre des Romains?*
*Faut-il rompre les Lois & deuenir iniuste,*
*Pour rendre la Iustice au reste des humains?*

    *Que ces dignitez sont seruiles*
    *Qui dépendent de nos Soldats!*
*O que l'ambition a mis le Thrône bas,*
    *Qui dépend de ces ames Viles!*
*Chacun des Chefs prétend à l'Empire Romain,*
    *Et s'y fait vn large chemin*
    *S'il est tant soit peu magnifique;*
*Pour receuoir la Pourpre il ne faut que donner :*
*Le camp trame toûsiours quelque sourde pratique*
*Pour abbatre celuy qu'il vient de couronner.*

    *On ne void par tout que des brigues*
    *Des meurtres & des factions.*
*Les Chefs sont les Autheurs des conspirations,*
    *Et les Chefs des nouuelles ligues.*
*Les Soldats acheptez sont à demy vaincus*
    *Il ne faut rien que des escus,*
    *Pour gaigner ces ames venales.*
*Mais nous voyons bien tost cheoir ces ambitieux,*
*Leur sang dans peu de mois fait rougir nos Annales*
*Et leur mort fait renaistre vn gros de factieux.*

    *Ha! c'est en vain que ie soûpire*
    *Tels furent nos commancemens,*
*Les crimes impunis furent les fondemens*
    *De ce grand & superbe Empire.*
*Cette haute puissance & cette authorité*
    *Qu'vne longue posterité,*
    *A renduë enfin Souueraine,*
*Commença par vn crime, & s'establit par deux;*
*Le sang fut le ciment de la grandeur Romaine,*
*Et Romule arracha le sceptre à ses neueux.*

    *Bien tost apres ces Grands Monarques*
    *Ne peurent plus estre soufferts,*
*Le Peuple mal traité s'ennuyant de ses fers,*

13

Vsurpa les augustes marques;
Il choisit de son corps tour à tour des Consuls
Pour estre chaque année eux seuls
Les maistres de la Republique :
Iules Cesar enfin apres mille trauaux
Voulut monter au Trône & pour estre l'vnique,
Il fit mourir Pompée, & ses autres riuaux,

Mais cette Grandeur vsurpée
Ne luy seruit rien que d'escueil,
On vid traisner Cesar de son Trône au cercueil :
Par le sang mesme de Pompée.
Auguste vit cent fois les Peuples mutinez
Et tous les Soldats obstinez
A luy vouloir oster la vie.
Tybere ne fut pas exempt du mesme sort
La mort de ce Tyran de cent autres suiuie,
Ouurit à Caligule vn chemin à la mort.

Il fallut enfin qu'Agrippine
Fit ceder la place à Neron,
Donnant à son mary le sort d'vn potiron,
Comme il en auoit l'origine.
Rome vit sur la Scene vn tragique Empereur,
Qui pour faire agir sa fureur
Ioüa de diuers personnages:
Apres auoir terny tout le lustre Romain,
Il se fit son bourreau parmy tant de carnages,
Ne pouuant pas mourir d'vne plus lasche main.

Mais pourquoy chercher dans l'Histoire
L'ordre des conjurations ?
Nous voyons tous les iours de nouueaux Ixions
Courir à l'ombre de la gloire.
Vn Tyran mis à mort en fait renaistre cent,
Le Sceptre n'est plus innocent,
Depuis qu'il couste tant de larmes.
L'Empereur est en butte à tous ses ennemis,
Il perd desja l'Empire, & la force des armes,
Le fait tomber du Trône ou la vertu l'a mis.

Destins des testes couronnées,
Que vous estes capricieux,

D

*L'éclat de ces grandeurs disparoît à nos yeux,*
*Presque aussi-tost qu'elles sont nées.*
*Tous ces superbes noms d'Empereurs, & de Roys,*
*Qui firent plier tant de fois*
*Les Peuples souz l'obeïssance,*
*Ne sont plus maintenant que des traits effacez,*
*Qui restent sur le marbre, & disent en silence,*
*Passants arrestez vous ces Princes sont passez.*

## CONDVITE DV SECOND ACTE,

# PROGRES DE L'INTRIGVE.

Scene 1. *IAMAIS vn grand dessein ne se trame sans bruit,*
*Souuent vn seul soupçon l'euente & le détruit:*
*Gratian aduerty des proiets de Maxime,*
*Est contraint d'étoufer le beau feu qui l'anime*
*Pour obeir aux Lois de la necessité,*
*Et se mettre à couuert d'vn Tyran irrité.*
*On s'oblige à cacher souz vn habit de femme,*
*Cette ardeur conquerante & cette belle flame,*
*Qui l'auoit fait cent fois vaincre dans les combats,*
*Et signaler cent fois la force de son bras.*
*Son esprit combattu ne sçachant que resoudre*
*Ose, & craint d'exposer ses lauriers à la foudre.*
*Ce nouuel equipage indigne d'vn Romain,*

Scene 2. *Affoiblit sa valeur en retenant sa main.*
*Il apprend du Consul l'état de son armée,*
*Resolu d'arrester l'entreprise formée;*
*Et pour mieux concerter l'ordre de ses proiets,*
*Il ordonne qu'on fasse assembler tous les Chefs.*

Scene 3. *Pendant qu'on les assemble il combat sa foiblesse,*
*Et quitte cet habit de pompe & de molesse,*
*Pour chercher au combat la gloire ou le trépas,*
*Et remettre le cœur, & l'esprit des Soldats.*

Scene 4. *Le Conseil assemblé dans la sale, on consulte,*
*Des moyens d'arrester ce trouble & ce tumulte;*
*Les diuers sentimens partagent les aduis;*
*Et les plus importants sont les plus mal suiuis.*

L'Empereur indigné pendant qu'on delibere
Bien loin de les ouyr s'emporte de colere,
Andragathe suruient & d'vn geste affecté
Asseure Gratian de Maxime arresté.
Ce fourbe ingenieux couure si bien sa ruse,
Qu'a peine le Conseil peut croire qu'on l'abuse,
L'Empereur en suspens s'en vouloit éclaircir,
Quand ce traistre couuert craignant de se noircir,
Trame fourbe sur fourbe, & dresse vn stratageme
Pour feindre qu'il craint tout pour l'Empereur qu'il ayme,
Fait courir vn faux bruit d'vne rebellion,
Dont il charge aussi tost Commode & Balion,
Dit qu'ils ont fait dessein auecque leurs cohortes,
D'aller à la prison & d'enfoncer les portes
Que pourtant il est prest d'arrester leurs desseins
Si l'Empereur permet de charger ces mutins :          Scene 6
A peine eut il receu les ordres de le faire
Qu'il détache d'abord ceux qu'il vouloit soustraire.
Et par vn artifice aussi lasche qu'ardent,
N'omet rien pour noüer ce dernier incident.
Cependant Gratian s'estonnant de leur crime,
Resout pour s'asseurer de condamner Maxime,          Scene 7,
Et d'immoler ce traistre au repos de l'état
Pour preuenir le coup de son noir attentat,
Deux des Chefs qui suiuoient le party d'Andragathe,          Scene 8.
Craignent que son dessein & sa ruse n'eclate,
Ce fourbe de retour rasseure leurs esprits          Scene 9.
Et promet d'acheuer le dessein entrepris.

Henry Guerin.

# RECIT,

# GRATIAN DEGVISE

Balance entre la crainte & la hardiesse.

## STANCES.

Triste déguisement, seruitude pompeuse,
Appareil de contrainte & de necessité,
Restes capricieus d'vne grandeur trompeuse,

Eſt-ce là tout l'éclat de voſtre vanité?
L'eſprit de la fortune eſt un eſprit mobile
   Qui n'eut iamais rien de conſtant:
   Elle ſe change en un inſtant,
   Toute ſa grandeur eſt d'argile;
   Et comme ſa pompe eſt fragile,
   Il ne nous reſte que du vent.

Abbandonnons le Trône, & quittons la Couronne,
C'eſt l'unique moyen de triompher du ſort,
Qui n'a rien de brillant ne doit craindre perſonne,
Puiſqu'il eſt à couuert des dangers de la mort.
Quittons ce grand éclat qui fait naiſtre l'enuie,
   Des Tyrans & des coniurez;
   Cherchons des biens plus épurez,
   Que ne ſont ceux de cette vie
   La pourpre peut m'eſtre rauie,
   Mais les cieux me ſont aſſeurez.

Cét attiral du ſexe eſt indigne d'un homme,
Cét embarras d'habit, de galands, & de nœuds,
Eſt un luxe inconu pour les magiſtres de Rome,
Dont tous les ornemens ſont forts & genereux.
Un Empereur couuert de ſang & de pouſſiere,
   Eſt l'image de la valeur;
   Il brille ſous cette couleur
   D'une plus illuſtre lumiere,
   Et ſes ſueurs font la matiere
   De ſa gloire & de ſon bon-heur.

S'il faut mourir au moins diſputons la victoire,
Mourons au lict d'honneur, en affrontant le ſort,
Ne faiſons rien de laſche, & faiſons que l'hiſtoire,
Parle honorablement de ce dernier effort.
Allons encore un coup triompher les rebelles
   Rallions un gros de Soldats,
   Allons chercher dans les combats,
   La mort ou des palmes nouuelles.
   Les actions ſont immortelles,
   Qui couronnent noſtre trépas.

Mais ie cours au ſupplice en courant à la gloire,

L'armée est en desordre, & les Chefs reuoltez,
Se voyans conuaincus d'vne action si noire,
Voudront executer leurs desseins proiettez.
L'aduis de mon Conseil me semble raisonnable.

    Il faut s'accommoder au temps,
      Et sçauoir ceder aux Tyrans
        Quand leur puissance nous accable:
      Souuent vne heure fauorable,
        Nous peut remettre sur les rangs.

Que ie suis combattu ! mon esprit se partage:
Ie cede enfin aux lois de la necessité,
S'exposer aux Tyrans, s'immoler à leur rage,
Bien loing d'estre honnorable est vne lacheté.
Pour vaincre leurs efforts il faut combatre en Parthe,

    La fuite est vn port asseuré,
      Mon esprit est mieux eclairé,
      La fortune veut que ie parte,
      Il faut enfin que ie m'ecarte,
      Mon mal à des-ia trop duré.

Abandonner l'Empire aux Soldats de Maxime ?
Permettre qu'vn Tyran se declare Empereur,
Voir Rome dans les fers, voir triompher le crime,
Sans s'opposer aux coups d'vne telle fureur ?
Quel lache sentiment a partagé mon ame ?

    Mon courage n'y consent pas,
      Allons chercher vn beau trépas,
      Quoy faut-il qu'vn habit de femme
      Estouffe cette belle flâme,
      Qui vient de ranimer mon bras ?

Quittons ces ornemens de Pompe & de mollesse,
Ne faisons rien qui soit indigne d'vn Romain,
Quittons dés maintenant ces marques de foiblesse,
Et voyons le Tyran les armes à la main.
Ie reprens ma vigueur en dépoüillant ces charmes.

    Mon esprit n'est plus en suspens,
      Allons mon cœur ie me repens,
      D'auoir respandu tant de larmes,
      Il faut de plus puissantes armes,
      Pour s'opposer à des Tyrans.

E

# CONDVITE DV TROISIESME ACT
# NOEVD DE L'INTRIGVE

Scene 1.
Axime le Tyran a dessein de connoistre
Si les Soldats Romains abandonnoient leur maistre,
Se déguise en Berger & pour en estre instruit,
Se glisse à la faueur des ombres de la nuit.

Scene 2.
A peine s'estoit-il engagé dans la Ville,
Qv'vn tumulte l'oblige a chercher vn azile,
vn gros de peuple emu poussoit au Ciel des cris,
Dont ce fameux Tyran parut d'abord surpris:
On crioit arrestez ces deux Chefs dont le crime
Est d'auoir embrassé le party de Maxime:

Scene 3.
Mais dés que son esprit se fut vn peu remis,
Il se met en état de seruir ses amis.

Scene 4.
Ce gros de factieux sans ordre & sans conduite
Se void contraint de prendre vne honteuse fuite,
Balion deliuré luy donne vn diamant,
L'embrasse, le caresse & luy fait compliment.
Commode ne sçachant par quelle recompense
Témoigner son amour & sa reconnoissance,
Luy donne le paquet du Cynique surpris,
Afin qu'il en receut le salaire & le prix,
Que merite vn sujet en portant a son maistre.

Scene 5.
Le secret découuert d'vn Tyran & d'vn traistre.
Mais à peine Maxime en a lû le dessus,
Qu'il demeure, interdit en suspens & confus:
Quoy dit-il, c'est à moy que ce paquet s'addresse,
Est-ce pour m'aduertir que i'vse de vitesse?
Mais pourquoy m'obliger de le rendre au Romain
Auroit-on euenté ma fourbe & mon dessein?
Enfin pour s'eclaircir il ouure cette lettre,
Ou le Chef du party luy semble tout promettre,
Il void qu'il a seruy ceux qui sont contre luy,
Et que sans les connoistre il s'est fait leur appuy,
Il quitte de dépit sa houlette & ses armes,
Lors qu'vn bruit impreueu redouble ses allarmes,

Pour s'en mettre à couuert il se tire à l'écart,
A dessein de gaigner le Camp ou le rempart.
Andragathe indigné qu'vn pasteur eut la gloire,          Scene 6.
D'auoir battu des Chefs & gaigné la victoire,
Trouuant sur son chemin les armes du Berger
Commande qu'on le cherche affin de se venger,
On depéche par tout & chacun s'interesse,
De lauer dans son sang sa marque de foiblesse.
Ce Tyran Trauesti se voyant découuert,          Scene 7.
Se presente à leurs yeux sous vn grand porche ouuert,
Son port majestueux & sa mine hautaine,
Met les Chefs en chaleur & fait croistre leur haine.
On a beau menacer ce Berger genereux,
Il rit de leur menace & craint beaucoup moins qu'eux.
Vne noble fierté paroit sur son visage,
Qui fait voir dans ses yeux des marques de courage,
Andragathe honteux de se voir méprisé,
Insulte insolemment au Tyran deguisé:
Mais contraint de ceder à ce cœur intrepide,
Qui braue ses Soldats, & que rien n'intimide,
Pour luy donner moyen de parler librement,
Il fait passer les Chefs dans son appartement.
Maxime se découure enfin à ce rebelle,          Scene 8.
Qui de ses seruiteurs paroit le plus fidelle,
Et s'instruit de l'état du dessein aduancé,          Scene 9.
Resolu d'acheuer ce qu'il a commencé
          François Baudet.

---

## RECIT

# MAXIME DEGVISE EN BERGER
## va reconnoistre le Camp.

B EAVX Astres, seuls témoins du dessein que ie trame,
Gardez de mettre au iour le secret de mon ame:
Sentinelles des Cieux, beaux yeux du Firmament
Fauorisez Maxime en son déguisement.
Voile obscur de la nuit, fauorables tenebres,
Cachez ma trahison sous vos manteaux funebres,
Et tenez à couuert cét illustre attentat,

*Qui sera de la nuit mon plus brillant éclat.*
*Vn traistre s'ouure d'autant de chemins aux supplices,*
*Qu'il fait de confidens & cherche de complices,*
*Auant que le Soleil recommence son cours,*
*Ie veux voir si le Camp a receu du secours,*
*Si l'Empereur s'arreste, ou veut prendre la fuitte,*
*Ce qu'il pretend de faire, & qu'elle est sa conduite,*
*Reconnoistre le lieu, les Chefs & les Soldats,*
*Auant que m'engager à de fascheux combats,*
*Voir s'ils sont en état de faire resistence,*
*Ou peuuent estre mis bien tost hors de deffence,*
*Entretenir sous main les desordres naissans,*
*Et gaigner ceux des Chefs qui sont les plus puissans,*
*Andragathe a manqué depuis quelques semaines,*
*De m'en faire sçauoir des nouuelles certaines,*
*Ce long retardement me feroit soupçonner,*
*S'il m'estoit moins connu qu'il veut m'abandonner,*
*Mais ie craindrois plutost que par quelque surprise,*
*Il eust esté contraint de rompre l'entreprise,*
*Quoy qu'il en soit taschons auecque ces amys,*
*D'acheuer vn complot qui n'est fait qu'à demy.*

# CONDVITE DV QVATRIESME ACT[E]

# DENOVEMENT DE L'INTRIGVE.

Scene 1. *LE Consul effrayé d'une image importune*
*Qui sembloit luy predire vn reuers de fortune,*
*Se trouble au seul recit de cette illusion,*

Scene 2. *Tesmoigne sa crainte, & sa confusion,*
*Gratian étonné d'vn songe aussi funeste,*
*Prend cette vision pour vn malheur qu'il deteste,*
*Mais enfin ses Soldats l'ayant encouragé,*
*Malgré tous les aduis du Conseil partagé,*
*Il reprend sa vigueur & demande ses armes,*
*Ne pouuant plus souffrir ces frequentes alarmes,*
*Resolu de chercher la gloire, ou le trespas,*
*Et de faire sentir la valeur de son bras,*

Scene 3. *Vn de ses Chefs l'instruit de l'état de l'armée,*

L'asseure qu'à la charge elle est bien animée.
Qu'Andragathe est en teste, & lance des regards,
Autant à redouter que l'audace de Mars.
Qu'il apprend aux Soldats à soutenir leur gloire,
A trouuer au combat, la mort ou la victoire,
Leur montre comme il faut emporter un quartier,
Repousser les efforts d'vn Regiment entier,
Forcer vn Bastion, saper vne muraille;
Tenir l'ordre & les rangs en donnant la bataille:
Auancer, reculer, attaquer, soûtenir,
Ouurir les bataillons & puis les reünir.
Il vient enfin luy mesme apres cette équipée,
L'Empereur le caresse & luy donne l'épée,
L'établit General de tout son camp volant,
Et l'anime à combattre vn rebelle insolent.
Ce nouueau rang d'honneur attendrit Andragathe,
Pendant que d'autre part la fortune le flatte:
Son esprit tour à tour consent ne consent pas
Et liure à sa vertu de violens combats.
Il estoit sur le point de detester son crime,
Quand sa rage s'accroist au retour de Maxime:
Quelques Chefs detachez du Camp de l'Empereur,
Se ioignent à ce traistre, & suiuent sa fureur.
Ausone ayant apris cette sourde pratique,
Fait voir à Gratian qu'elle est sa politique,
Pour calmer cét orage & pour s'en garantir,
Luy remontre sa faute & l'oblige à partir,
Le Consul l'aduertit de chercher vn azile,
D'autant que le Tyran gaignoit des-jà la ville,
Apres s'estre soumis aux volontez de Dieu,
Ce Prince se retire en leur disant adieu,
Pendant qu'Ausone seul surpris de tant d'allarmes,
Pousse au Ciel des soûpirs entrecoupez de larmes.

## RECIT

# ANDRAGATHE EST COMBATTV
### de deux differentes passions.

A Cheuons auiourd'huy la gloire de Maxime,
    Il ne faut plus deliberer,
    Il est temps de se declarer,

Immolons à sa gloire vne noble victime,
Faisons voir qu'Andragathe est maistre du bon-heur,
Et qu'il peut faire vn Empereur,
Sans qu'il faille sacheter les suffrages de Rome;
Que la Pourpre est entre ses mains,
Et qu'il peut en vn iour en perdant vn seul homme
Triompher de tous les Romains

Embrasser lachement le party de ces traistres?
Conspirer pour perdre l'Estat ?
Andragathe cét attentat
Fletriroit les lauriers de tes Nobles Ancestres,
Cette noire action terniroit ton honneur;
N'écoutons plus ce suborneur,
Et tachons d'etouffer cette lache foiblesse,
Lauons ce crime dans leur sang,
Pour conseruer l'éclat d'vne Illustre Noblesse,
Qui tint toussiours le premier rang.

Fascheux engagemens ou me porte le crime,
Malheureuse necessité!
Pour garder la fidelité,
Faut-il seruir son Prince en trahissant Maxime?
Faut-il estre infidelle à l'vn des deux partis?
Andragathe tu dementis,
L'honneur de tes ayeux en suiuant ces rebelles,
Et si tu trahis leurs desseins
Toutes tes actions paroistront criminelles
A tout le reste des Romains.

On n'est pas obligé de tenir sa parole,
A qui fait gloire de tromper,
Vn Tyran ne sçait qu'vsurper,
Il n'est point d'amitié qu'en fourbant il n'immole
Les deuoirs qu'on luy rend sont mal recompensez,
Et cent seruices effacez,
Font connoistre à la fin qu'il n'aymoit que soy-mésme,
Son trône est à mille vn tombeau,
Et pour estre en repos il fait du diadesme
A ses partisans vn cordeau.

Pourrois-ie bien trahir apres tant de caresses,

*Vn si liberal Empereur ?*
*Ie deteste cette fureur,*
*Qui portoit mon esprit à ces lasches foiblesses,*
*Oserois-ie porter le beau nom de Romain,*
*Apres auoir trempé ma main,*
*Dans le sang le plus pur de la vertu Romaine,*
*Ces motifs arrestent mon bras ;*
*Conseruons cette audace & cette humeur hautaine ?*
*Pour triompher dans les combats.*

*Ne m'est-il pas permis de suiure la fortune,*
*Elle est la maitresse des Roys,*
*Ie veux pour embrasser ses lois,*
*Quiter les sentimens d'vne vertu commune,*
*Les crimes à ce prix ne sont iamais honteux,*
*Et quand le bon-heur est douteux,*
*Il le faut affermir malgré les destinées ;*
*Seruons-nous donc de sa faueur,*
*Et s'il faut immoler des testes couronnées.*
*N'epargnons pas vn Empereur.*

# CONDVITE DV CINQVIESME ACTE

## CATASTROPHE

MAXIME pour sçauoir l'Intrigue de la Cour,
Y laisse Dacian iusques à son retour,
Pour en mieux découurir l'état & la conduite,          Scene 1.
Et voir si l'Empereur se resout à la fuite,
Ce traistre donne aduis à ce Chef de mutins,
Qu'il est temps d'acheuer ses tragiques desseins.
Le Tyran qui voyoit la discorde allumée,
Va promptement se mettre en teste de l'armée.          Scene 2.
Andragathe le suit & donne ordre aux Romains
De faire vne embuscade & garder les chemins,
Pendant que Dacian attend de voir l'issuë,
Et le dernier succez de la trame tissuë ;               Scene 3.
Le Cynique reuient tiré de sa prison,
Par les premiers autheurs de cette trahison,           Scene 4.
Olybre detestant son erreur & son crime
                                                        Scene 5.

*Abandonne à la fin le party de Maxime,*
*Ne pouuant consentir à la noire fureur,*
*Qui l'auoit souleué contre son Empereur.*

Scene 6.
*Andragathe retourne & porte son espée,*
*Du beau sang de son Prince encor toute trempée,*
*Sa main rougit du crime & ce sang innecent,*
*Donne de la terreur lors qu'il est moins puissant.*
*Les traistres reioüis d'vne mort si tragique,*
*Iettent les fondemens d'vn pouuoir tyrannique,*
*Ausone pour venger la mort de l'Empereur,*

Scene 7.
*D'vn esprit prophetique & rempli de fureur,*
*Predit à ces Tyrans les maux dont l'Italie,*
*Dóit apres cét outrage estre vn iour acueillie.*

Scene 8.
*Andragathe irrité d'vn affront si sanglant,*
*Luy iette son espée, & s'en va tout tremblant:*
*Ausone la releue, & la baignant de larmes,*
*Pousse mille sanglots sur ces cruelles armes.*

Antoine Guerin.

# LA DECADENCE
# DE L'EMPIRE ROMAIN
## *DIVERTISSEMENT.*

**V**OVS trouuerez étrange que nous faffions des diuertiffemens d'vn fpectacle funefte, qui fait pleurer l'hiftoire dépuis fi long temps, & gemir les Theatres les plus tragiques, fur les ruines du plus floriffant Empire du monde. La decadence de Rome eft à vray dire bien lugubre, mais auffi la liberté que les Nations ont trouuée en fa defaite eft fi douce qu'elle fait la plus belle matiere de leur joye; comme elle eft l'affermiffement de leurs Trônes, & le plus beau brillant de leurs Couronnes. Pour donner vne jufte conftitution à ces euenemens, nous les diuifons en quatre parties, qui font autant de diuertiffemens.

## PREMIERE ENTREE DE BALET.

**M**ARS le Dieu de la guerre, & l'autheur de la ruine des Empires, entre armé d'vn cafque à plumes flotantes, d'vne efpée nue, & d'vn bouclier, fur lequel eft reprefenté vn globe partagé en diuerfes pieces par vne efpée auec cette deuife. *DIVIDIT ORBEM.*
MARS.    Octauian de Marciou de Talaru.

## RECIT

IE fuis l'arbitre de la guerre,
Ie fais trembler toute la terre.

*Au seul mouuement de mon bras :*
*Ie suis dans toutes les Armées,*
*Ie preside à tous les combats ;*
*Mais si i'esteins vn iour les guerres allumées,*
*Qui me craint auiourd'huy ne me connoistra pas.*

*Les grands empressements à me chasser du monde*
*Ne seruent qu'à m'y retenir,*
*On me fait triompher sur la terre & sur l'onde,*
*Lors qu'on tasche de me bannir.*
*Plus on me veut chasser plus on me multiplie,*
*Les Roys les plus puissants cultiuent mes lauriers,*
*Bien loin de voir iamais ma puissance affoiblie,*
*Ie vois autant de Mars que de braues Guerriers.*

## PREMIER DIVERTISSEMENT.

LE Genie de l'Europe ennuyé de sa seruitude brise ses chaisnes, & se ioint à celuy de la Gaule pour souleuer ceux de l'Asie & de l'Afrique contre l'Empire Romain. Celuy-cy qui auoit ressenty plusieurs fois la rigueur des Cesars, à peine d'y consentir, iusqu'à ce que le Genie de l'Asie les asseure par le rapport d'vn prodige de quelques statuës trouuées sur le bord de l'Euphrate, que les Dieux ont iuré la perte de Rome.

| | |
|---|---|
| Le Genie de l'Europe. | Pierre Felix de la Croix de Cheurieres. |
| Le Genie de l'Asie. | Ioseph de la Bastie de Chaune |
| Le Genie de l'Afrique. | Hercule de Cassard de Belle Chambre |
| Le Genie de la Gaule. | Iean Baptiste Roux de Masserange. |

## SECONDE ENTREE DE BALET.

**Les Genies de la Grece, de la Perse, & de la Lybie brisent leurs chaisnes & se ioignent aux autres.**

| | |
|---|---|
| Le Genie de la Grece. | Balthazar de Marcieus de Noaly. |
| Le Genie de la Perse. | François Baudet. |
| Le Genie de la Lybie. | Claude Espié. |

## RECIT.

*Aisons vn genereux, effort*
*Pour abbatre cette puissance,*
*Que nous verrons en decadence,*
*Si nous sommes tous bien d'accord.*

# SECOND DIVERTISSEMENT.

LE Genie de l'Empire Romain enflé du succés de ses victoires ordonne qu'on luy dresse vn Trophée des dépoüilles de toutes les Nations du Monde; deux Caualiers Romains luy donnent la nouuelle de la defaite des Persans. Il fait preparer vn Triomphe au Consul victorieux, qui est tiré sur vn char par les Princes captifs. Son fils luy va au deuant, pour se reiöiir auec luy de son heureux retour.

| | |
|---|---|
| Le Genie de l'Empire. | Ioseph Henry Patin. |
| Le Consul. | Pierre de la Cornerei. |
| Le fils du Consul. | Ennemond de Virieu. |
| Lepide Cheualier Romain. | Aymar de Marnais. |
| Valere Cheualier Romain. | Antoine Morel. |

*Les Cheualiers Persans Captifs.*

François Amabert.     Pierre Marquian.

*On danse des sarabandes aprés le Triomphe.*

# TROISIESME DIVERTISSEMENT.

LEs Genies soulouez brûlent les lauriers du Trophée endorment l'Aigle en faisant des charmes, la lient de leurs chaisnes, & s'estant armez des depoüilles, font l'exercice militaire pour s'agguerrir, & dressent vne embuscade. Deux Cheualiers Romains aduertissét le Genie

de l'Empire de la conspiration formée. Pendant qu'il les
enuoye pour appaiser ce tumulte. Les Genies sortent, &
le despoüillent des marques Royales. Celuy d'Europe
luy oste la Couronne. Celuy de l'Afrique luy arrache le
Sceptre, & celuy de l'Asie la Pourpre, dont il se reuest.

## TROISIESME ENTREE DE BALET.

Les Genies de l'Europe & de l'Asie entrent auec des
flambeaux allumez pour brusler les lauriers.

## RECIT:

ESteignons nos flambeaux pour allumer la guerre,
   Et portons par toute la terre
   L'effroy, la crainte, & la terreur.
   Faisons d'horribles boucheries.
Et pour entretenir cette noble fureur
   Faisons d'office des furies.

Donnons vn beau destin à l'Empire du Monde,
   Il perit autrefois par l'onde,
   Faisons le perir par le feu:
   Nous dissiperons nos tenebres,
Cét éclat des Romains nous donnera beau ieu,
   Pour rendre nos noms plus celebres.

Voyons si cét oyseau renaistra de sa cendre,
   Et s'il pourra bien se deffendre,
   Des coups d'vne fatale main.
   Faisons vne metamorphose
Allumons vn bucher à l'Empire Romain,
   Pour faire son Apotheose.
Pierre Felix de la Croix de Cheurieres,
Ioseph de la Bastie de Chaunes.

## QVATRIESME ENTREE.

Quatre Caualiers armez, font l'exercice Militaire.

## RECIT.

   Allons donner de l'exercice
A ces grands & fameux Tyrans:

*Composons vngros de Milice,*
*De tous ces peuples differens.*
*Ne considerons plus nos anciennes defaites,*
*L'Aigle Romaine à moins de force que de bec:*
*Elle a fort peu de cœur,quoy qu'elle ait tant de testes;*
*Nous pouuons luy donner vn dangereux échec.*

*Nous remporterons la victoire,*
*Si nos coups sont bien mesurez:*
*Ouurons le Temple de la gloire*
*A tous ces peuples coniurez*
*Faisons à nos Tyrans des fers de nos espées,*
*Vengeons tous les affrons que nous auons soufferts;*
*Retirons de leurs mains cent villes vsurpées,*
*Et brisons auiourd'huy nos chaisnes & nos fers.*

Ioseph de Sautereau du Rosay.
Pierre de Ponnar de S. Sauueur.
Gaspar de Ronnette.
Hercule Prosper de Cassaid de Belle Chambre.

# QVATRIESME DIVERTISSEMENT.

LE Génie de l'Empire abandonné de tous les Peuples,
deplore son malheur, & consulte le destin pour apprendre quelle issuë il doit auoir. Ce maistre des Dieux
luy répond que le Ciel a juré sa perte, & qu'il ne luy reste
plus aucun moyen de se retablir, s'il veut conseruer vne
image de sa gloire passée, qu'il rebatisse vne ville ruinée
sur les bords de Lizere, d'où naistront vn iour de braues
Caualiers dont il luy fait voir les ombres par le moyen
de ses charmes.

# CINQVIEME ENTREE DE BALET.

Le Destin fait des cercles pour euoquer les ombres des
Preux du Dauphiné, qui composent le grand Balet.

*Le Destin.*      Gaspar de Ronnette.      H

# RECIT
## POVR LES OMBRES DES PREVX.

*Maintenant nous sommes des ombres,*
*Mais nous serons bien tost tout autant de Soleils.*
*On en verra peu de pareils,*
*Quand nous serons sortis de nos demeures sombres*
*Nous allons estre la terreur*
*De ces esprits pleins de fureur,*
*Dont on redoute plus la langue que l'espée:*
*Viuans nous peuplerons le Royaume des morts;*
*Et quand nostre valeur sera bien occupée,*
*La gloire nous suiura comme l'ombre le corps.*

## LES PREVX.

LEs Preux portent sur leurs cottes d'armes les Blasons de leur Maison en broderie.

Le Cheualier Bayart, d'azur au chef d'argent chargé d'vn lyon naissant de gueules à vne cotice d'or brochant sur le tout.

Pierre Felix de la Croix de Cheurieres.

Le Cheualier Boutieres, d'or à la bande de gueules chargé d'vn griffon d'argent.

Octauian de Marcieus de Boutieres.

Saluaing, de l'Empire à la bordure de France.

Claude Espié.

Montoison, de gueules à deux clefs d'argent addossées, & passées en sautoir.

François Baudet.

Imbert de Poisieu Capdorat, de gueules à deux cheurons d'argent sommez d'vne bande en deuise de mesme.

Gaspar de Ronnette.

Monsieur le Mareschal de Crequi, d'or à vn crequier de gueules.

Ioseph de la Bastie de Chaunes.

Monsieur le Connestable de Lesdiguieres, de gueules à vn lion d'or au chef cousu d'azur chargé de trois roses d'argent.

# SONNET

## A

# MONSEIGNEVR LE DVC
## DE LESDIGVIERES.

BEAV sang de ces Heros dont la fameuse histoire
Fait encore auiourd'huy l'estude des Guerriers;
Fils de ces Conquerans, que cent fameus ouuriers
Ont grauez sur le marbre au Temple de la gloire:

Caressez auiourd'huy les filles de memoire
Qui mettent à vos pieds leurs superbes lauriers:
Tous ces Illustres Preux & ces hommes si fiers
Cedent à vos vertus l'honneur de la victoire.

Inuincibles Guerriers vos noms sont immortels,
Les siecles auenir en verront peu de tels:
Pour acquerir la gloire il ne faut qne vous suiure.

Heros du Dauphiné vostre sort est heureux?
Vos Illustres Neueux vous font déja reniure,
Et vous serez plus Grands, qnand vous serez moins qu'eux.

## LES RHETORICIENS

Du College de la Compagnie
de IESVS.